ASTUCES DE MAMIES

→ ÉCONOMES & EFFICACES !

AU PROGRAMME

MAMIE FÉE DU LOGIS 2
MAMIE PRO DU LINGE 30
MAMIE REINE DE BEAUTÉ 44
MAMIE CROIX-ROUGE 54

MAMIE FÉE DU LOGIS

ÉQUIPEZ-VOUS DES PRODUITS INDISPENSABLES AU MÉNAGE

Naturels et efficaces, certains produits comme le bicarbonate, le vinaigre blanc, les huiles essentielles et le citron seront vos précieux alliés en toutes circonstances.

FABRIQUEZ VOS PROPRES PRODUITS MÉNAGERS

Quels que soient la surface ou le type de tache, vous trouverez la recette adéquate. En plus c'est écologique, économique et rapide ! Que demander de plus ?

BANNISSEZ LES MAUVAISES ODEURS ET LES BÉBÊTES

Quelles que soient les circonstances, votre maison peut fleurer bon la lavande et ne pas être le repaire des bestioles en tout genre. Il suffit de connaître les astuces !

PROFITEZ D'UN JARDIN BEAU ET NATUREL

Comment faire venir les papillons et les oiseaux ? Comment, au contraire, se débarrasser des escargots, des pucerons et des mauvaises herbes ? Avec des astuces simples et naturelles, vous aurez un beau jardin sans y passer des heures !

LES INDISPENSABLES DE VOTRE PLACARD

DES CHIFFONS EN COTON
Les vieux t-shirts en coton ne peluchent pas et s'imprègnent parfaitement d'eau ou de vinaigre sans faire de gouttes.

DE L'HUILE ESSENTIELLE D'EUCALYPTUS CITRONNÉ
Aucune bébête rampante ou volante n'y résiste. Même les araignées plient bagage.

DES CHIFFONS DOUX EN MICROFIBRE
La microfibre est parfaite pour toutes les finitions sans traces : inox, vitres, carrelages. Alors j'en mets partout dans la maison pour en avoir toujours un sous la main.

DU CITRON
J'en ai toujours sous la main : il désodorise, désinfecte et fait briller.

DE L'HUILE ESSENTIELLE DE LAVANDE
C'est un puissant désinfectant et en plus ça sent bon la Provence. C'est top si j'habite à Lille !

DU SAVON NOIR
Il est très doux pour les sols et il les fait briller.

DU BICARBONATE DE SOUDE
Il blanchit, il dégraisse et il détruit le calcaire avec son complice le vinaigre.

UNE BROSSE À DENTS
Pour frotter les joints et les recoins.

DU VINAIGRE D'ALCOOL
C'est l'arme anti-calcaire par excellence. En plus, ça désinfecte autant que l'eau de Javel sans tacher mon chemisier Liberty.

OÙ ?

Tous les produits présentés dans cet ouvrage se trouvent très facilement dans les magasins bio.

AU SALON

En une demi-heure à peine, obtenez un effet tout beau tout neuf, comme si Stéphane Plaza était passé par là.

UNE MOQUETTE IMMACULÉE

- **Bicarbonate de soude**
- **Aspirateur**

Saupoudrez du bicarbonate sur toute la surface. Laissez agir une nuit, puis le lendemain matin passez l'aspirateur

UN PARQUET NICKEL

- **Chiffon en microfibre**
- **2 pinces à linge**
- **Balai**
- **Savon noir**

Passez un chiffon en microfibre attaché avec 2 pinces à linge au balai pour capter parfaitement la poussière. Une fois par mois, faites de même avec le chiffon légèrement imbibé d'eau et de savon noir, à raison d'une cuillère à soupe de savon noir pour 1 L d'eau.

UNE TACHE GRASSE SUR LE PARQUET

- **Terre de Sommières**

Déposez de la terre de Sommières sur la tache, laissez agir toute la nuit pour que la terre absorbe la graisse.

LES TOILES D'ARAIGNÉES

- **Huile essentielle d'eucalyptus citronné**
- **Chiffon en microfibre**
- **Balai ou tête-de-loup**
- **Feuilles ou tiges de tomate**

Déposez quelques gouttes d'huile essentielle d'eucalyptus citronné sur un chiffon en microfibre que vous accrocherez sur une tête-de-loup ou un balai. Enlevez la toile d'araignée en tapotant le plafond. Les araignées détestent l'eucalyptus, elles ne reviendront pas se réinstaller au même endroit. Si la maison est envahie par les araignées, conservez les feuilles ou les tiges de tomate et déposez-en aux coins de la pièce. Les araignées n'aiment pas l'odeur acide que celles-ci dégagent.

UNE TACHE SUR UN MUR

- **Chiffon en coton**
- **Chiffon en microfibre**
- **Bicarbonate de soude**

Trempez le chiffon en coton dans un verre d'eau tiède et de bicarbonate et frottez délicatement la tache. Puis, avec un chiffon en microfibre, éliminez l'excès d'eau en frottant plus largement de façon à ne pas laisser une auréole blanche sur le mur un peu gris…

DES VITRES TOUJOURS PROPRES

- **Chiffon en coton**
- **Chiffon en microfibre**
- **Raclette pour vitres**

Imprégnez complètement le chiffon en coton d'eau tiède. Essorez-le et passez-le partout sur la vitre. Si la vitre est très sale, essuyez-la une première fois avec un chiffon en microfibre, puis repassez le chiffon en coton imprégné d'eau. Passez la raclette en essuyant grossièrement en bas de la vitre avec le chiffon en coton si ça coule.
Éliminez les quelques traces laissées par la raclette avec un autre chiffon en microfibre propre et sec.

LA POUSSIÈRE

- **Chiffon en microfibre**

C'est économique et efficace : passez un chiffon en microfibre imbibé d'eau sur toutes les surfaces !

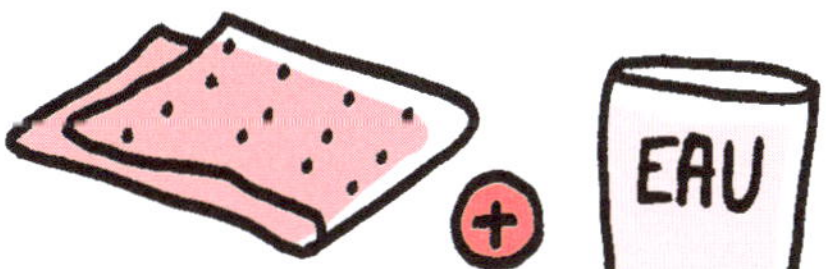

LES SECRETS DU BICARBONATE

Sous l'évier, dans votre trousse de toilette, dans votre placard à balais, vous n'allez plus pouvoir vous en passer.

QUEL BICARBONATE CHOISIR ?

« Soude » ou « sodium », « alimentaire » ou « ménager », il n'existe qu'un seul bicarbonate. Pour la beauté, le corps, la digestion, les préparations de gâteaux, préférez cependant le bicarbonate alimentaire, il est souvent plus fin et il subit plus de tests de non-toxicité. Pour les travaux ménagers, optez pour le bicarbonate vendu en magasin de bricolage : vous en trouverez en grande quantité, et pour un moindre coût.

IL BLANCHIT

- Déposez un peu de bicarbonate humidifié sur une brosse à dents et hop !
- Une fois par semaine, mélangez le bicarbonate à votre dentifrice pour un sourire éclatant.
- Il élimine les moisissures sur les joints des carrelages.
- Frottez un peu de bicarbonate au fond de l'évier pour que l'émail retrouve sa blancheur.

IL DÉSINFECTE

Ajoutez une cuillère à soupe de bicarbonate dans un cycle de linge ou dans le lave-vaisselle, et finies, les bactéries. Saupoudré sur un tapis, il a un effet radical sur les acariens.

IL FAIT BRILLER

Vos verres sont ternis par le lave-vaisselle ? Frottez-les avec un chiffon en microfibre et du bicarbonate humidifié. Ils retrouveront leur éclat.

IL DÉGRAISSE

Déposez-en au fond d'un plat graisseux, et hop ! Les graisses sont absorbées pour un nettoyage ultra rapide.

IL ÉLIMINE LE CALCAIRE

Partout où il y a dépôt de calcaire, on pense « bicarbonate ». Mettez-en un peu sur la surface en l'humidifiant et laissez agir. Pour une action plus rapide, ajoutez-y du vinaigre.

IL ÉLOIGNE LES MAUVAISES ODEURS

Déposez un peu de cette poudre magique au fond des cendriers. Grâce à sa propriété très absorbante, il absorbera les odeurs. Exit la vieille odeur de gauloise !

IL DÉTACHE

Vin, thé, café, huile : versez du bicarbonate humidifié sur la tache et laissez agir trente minutes. Mettez ensuite le vêtement à la machine à laver.

IL ÉLOIGNE LES INSECTES

Vaporisé sur les rosiers, et mélangé avec un peu d'huile d'olive et de savon noir (une cuillère de chaque dans un litre d'eau), il fait fuir les indésirables.

IL ÉLIMINE LES MAUVAISES HERBES

Mélangé à de l'eau (un verre pour un litre), il élimine les herbes indésirables. Il suffit de répandre ce mélange sur le sol. Encore plus efficace si l'eau est chaude.

ROUTINE DE SUPER-MAMIE

LA SALLE DE BAIN

Une salle de bain aussi rutilante qu'à l'hôtel ? Suivez le guide !

UN MIROIR SANS TACHES

- Chiffon de coton
- Chiffon en microfibre
- Vinaigre d'alcool
- Huile d'olive

Passez un chiffon de coton imbibé de vinaigre. Essuyez avec un chiffon en microfibre. Déposez ensuite une noisette d'huile d'olive sur un essuie-tout, vaporisez un soupçon de vinaigre par-dessus et passez l'essuie-tout sur le miroir. Les taches d'eau feront moins de marques.

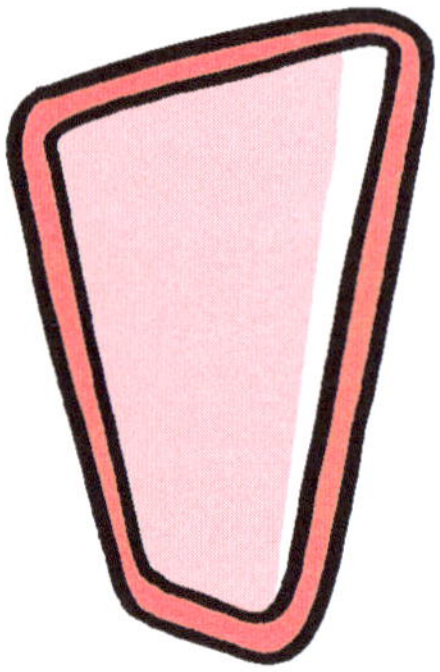

DES TOILETTES IMPECCABLES

- Bicarbonate de soude
- Vinaigre d'alcool

Versez un bol de bicarbonate dans les toilettes. Ajoutez un demi-litre de vinaigre d'alcool (attention, ça mousse très fort !). Laissez la mousse retomber et complétez le mélange avec un litre d'eau bouillante.
Laissez agir une heure.

N'HÉSITEZ PAS À AJOUTER UNE GOUTTE D'HUILE ESSENTIELLE DE LAVANDE POUR EMBAUMER LES MOINDRES RECOINS !

UN CARRELAGE IMMACULÉ

- Chiffon en microfibre
- Vinaigre d'alcool
- Bicarbonate de soude
- Brosse à dents
- Éponge

Vaporisez du vinaigre d'alcool sur les surfaces. Essuyez avec un chiffon en microfibre. Pour les moisissures sur les joints, préparez une pâte de bicarbonate dans un bol avec un peu d'eau. Avec une éponge, déposez cette pâte sur les joints. Laissez agir trente minutes, puis frottez avec une brosse à dents.

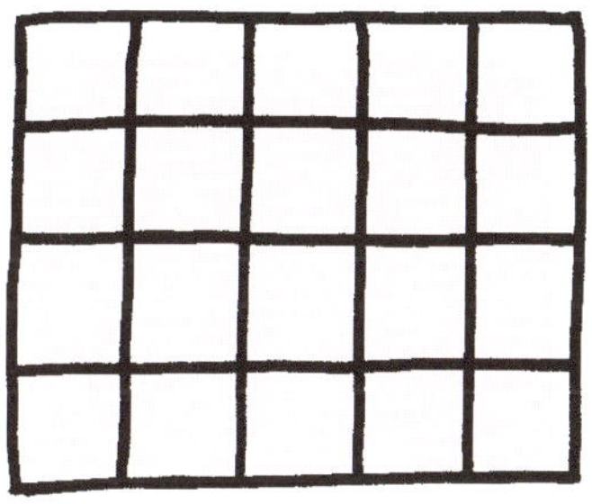

UN PARE-DOUCHE COMME NEUF

- Chiffon en microfibre
- Vinaigre d'alcool
- Huile d'olive
- Raclette pour vitres

Arrosez la porte en verre de vinaigre d'alcool, puis passez la raclette. Essuyez avec un chiffon en microfibre légèrement imbibé d'huile d'olive et de vinaigre d'alcool pour éviter les marques de gouttes à venir.

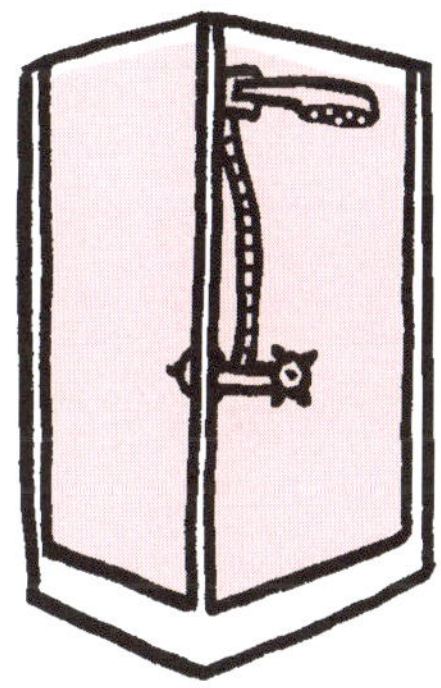

UNE ROBINETTERIE ÉCLATANTE

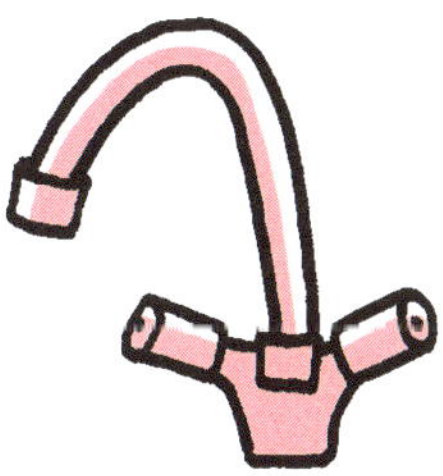

- Chiffon
- Vinaigre d'alcool
- Huile d'olive

Vaporisez du vinaigre en le laissant couler tout autour, là où s'incruste le calcaire. Laissez agir une demi-heure. Rincez à l'eau claire et essuyez avec un chiffon enduit de vinaigre et un soupçon d'huile d'olive.

ROUTINE DE SUPER-MAMIE

LA CUISINE

Faire la poussière, passe encore : on peut enfiler un joli tablier et agiter un plumeau. Mais le gras du four ? Là, vraiment, on déteste…

UN FRIGO CRACRA

Avant toute chose, commencez par passer un grand coup d'aspirateur dans le bac à légumes et dans les jointures, puis passez un coup d'éponge imbibée de vinaigre d'alcool. Achevez le nettoyage avec un chiffon en microfibre sur lequel vous aurez déposé quelques gouttes de citron, afin de neutraliser les mauvaises odeurs.

DES JOINTS JAUNÂTRES

Si les joints des carrelages sont très gras, frottez à l'aide d'une brosse à dents, avec du bicarbonate sous forme de pâte. Humidifiez la pâte avec de l'eau très chaude.

DES TRACES DE DOIGTS SUR L'INOX

Surtout, ne frottez pas avec une éponge grattante, ça raye l'inox ! Humidifiez la surface avec un chiffon en microfibre imbibé de vinaigre d'alcool et d'eau, et frottez par gestes circulaires. N'utilisez pas du vinaigre pur. Ensuite, lustrez avec une goutte d'huile d'olive mélangée à un peu d'eau et de vinaigre. Enfin, séchez la surface avec un chiffon en microfibre sec.

UN CARRELAGE GRAS

Mélangez une cuillère à soupe de savon noir et une de bicarbonate. Ajoutez-y un peu d'eau de façon à obtenir un mélange semi-liquide. Étalez, laissez agir dix minutes, puis rincez avec de l'eau très chaude. Achevez le nettoyage avec un chiffon en microfibre imbibé de vinaigre.

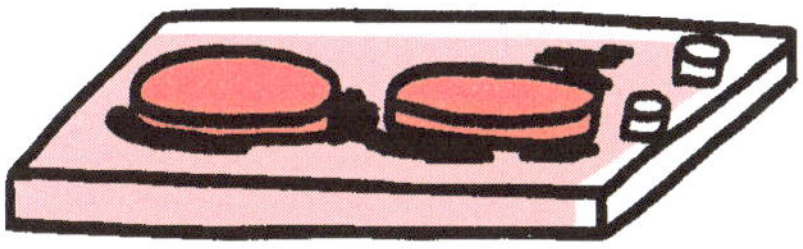

DES PLAQUES ÉLECTRIQUES ENCRASSÉES

Imbibez généreusement des feuilles d'essuie-tout d'eau tiède et de savon noir. Déposez les feuilles tout autour des plaques. Laissez agir pendant la nuit. Le lendemain matin, passez un coup d'éponge. Si les plaques sont très grasses, saupoudrez de bicarbonate avant de placer les feuilles d'essuie-tout.

DES PLAQUES À INDUCTION TACHÉES

Procédez de la même façon que pour les plaques électriques. Cependant pour éviter les traces, vaporisez du vinaigre d'alcool lorsque vous enlevez les feuilles d'essuie-tout et essuyez avec un chiffon en microfibre.

UN LAVE-VAISSELLE MALODORANT

Rien de plus facile : versez un demi-litre de vinaigre dans le lave-vaisselle après avoir nettoyé les filtres, et lancez un cycle à vide.

UNE CASSEROLE BRÛLÉE

Versez du vinaigre dans la casserole de façon à recouvrir les traces brûlées. Portez à ébullition en ouvrant la fenêtre, car c'est irritant pour les yeux. Vous allez voir que les traces de brûlé se détachent toutes seules !

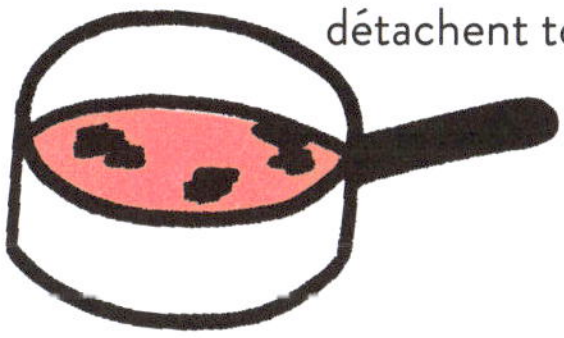

UN FOUR GRAS

Pour la porte du four : préchauffez le four à 180°. Quand il est bien chaud, étalez sur la porte ouverte du bicarbonate sous forme de pâte. Laissez agir pendant cinq minutes, puis passez plusieurs fois une éponge humide jusqu'à ce que les traces blanches du bicarbonate disparaissent avec le gras.

Pour les grilles : déposez-les au fond de votre baignoire ou au fond d'une grande bassine plate (les bassines noires « à ciment » sont très pratiques car suffisamment larges : vous les trouverez au rayon béton de votre magasin de bricolage). Saupoudrez de bicarbonate, puis arrosez avec 1 L d'eau bouillante. Laissez agir dix minutes, puis frottez doucement en rinçant. Pour un entretien quotidien, passez une éponge imbibée de bicarbonate sur la grille chaude.

P'TITES ASTUCES EN CUISINE

Vous voulez bien cuisiner, mais sans vous battre avec les casseroles. On fait comment ?

J'ÉVITE QUE LES PÂTES NE DÉBORDENT

Rajoutez une cuillerée à soupe de bicarbonate dans votre eau de cuisson.

J'ÉVITE QUE LE LAIT NE DÉBORDE

Placez dans votre casserole une sous-tasse. Versez le lait et portez à ébullition.

JE SAIS SI MES ŒUFS SONT FRAIS

Plongez vos œufs dans l'eau froide : s'ils restent allongés au fond du récipient, ils sont frais. S'ils « lèvent le nez », ils ne sont plus de première fraîcheur, et mieux vaut les consommer en œufs durs.

JE SAIS RENDRE LES LENTILLES DIGESTES

Faites tremper vos légumes secs toute la nuit dans de l'eau. Le lendemain, égouttez-les, puis faites-les cuire en ajoutant une cuillère à soupe de bicarbonate dans l'eau de cuisson.

JE NE CASSE PAS MES BISCOTTES EN LES BEURRANT

Placez trois biscottes l'une sur l'autre et beurrez celle du dessus : elle ne se cassera pas.

JE FAIS CUIRE MES POTIRONS SANS LES ÉPLUCHER

Placez votre potiron dans le four à 180°, avec un bol plein d'eau pour que le potiron ne sèche pas. Après trente minutes, vous pourrez récupérer la chair du potiron comme vous le feriez avec un melon.
Si vous cuisinez un potimarron, c'est encore plus simple : versez l'eau dans le creux du demi-potimarron et enfournez trente minutes.

JE CONSERVE MES POMMES DE TERRE SANS QU'ELLES BOURGEONNENT

Récupérez une caisse en bois (par exemple, une caisse de vin). Stockez-y vos pommes de terre et recouvrez avec du sable. Rangez le tout dans un endroit frais et sombre. Vos pommes de terre se conserveront tout l'hiver sans pourrir ni germer.

L'INDISPENSABLE VINAIGRE BLANC

À 40 centimes la bouteille, il n'y a pas de quoi s'en priver.
Le vinaigre est le produit multi-usage par excellence : on en trouve partout, et il est ultra écolo.

IL DÉTARTRE
Le vinaigre d'alcool est l'ennemi numéro 1 du calcaire. Par exemple, pour détartrer une bouilloire, rien de plus simple : versez du vinaigre, et laissez agir. Vous n'aurez plus qu'à rincer.

IL DÉSINFECTE
Versé régulièrement dans les canalisations, le vinaigre évite d'avoir recours à des produits plus toxiques. Finies, les odeurs d'égout ! Additionné à quelques gouttes d'huile essentielle de lavande, il peut être vaporisé sur les canapés, les rideaux et éloigner puces et acariens. Il ne tache pas.

IL APAISE
Vous êtes victime des piqûres de moustiques, de guêpes ? Ayez le réflexe de verser du vinaigre sur un coton et de masser doucement.

IL DÉSODORISE
Il est idéal pour nettoyer l'intérieur du réfrigérateur, mais aussi pour enlever une odeur tenace d'urine sur un parquet, ou de sueur sur un vêtement.

IL ADOUCIT
En éliminant le calcaire, il redonne de la souplesse à votre linge si vous l'utilisez à la place de votre assouplissant. Ajoutez quelques huiles essentielles de menthe et de lavande pour le parfumer.

IL FAIT BRILLER
Utilisé comme après-shampooing, il fera briller vos cheveux, façon Monica Bellucci. Sur les miroirs et les robinetteries, il sera aussi éclatant qu'à l'hôtel !

P'TITES ASTUCES EN CUISINE

JE ME CONCOCTE UN SEL AUX HERBES

Vous avez acheté des herbes aromatiques pour une recette, et vous allez en jeter la moitié ? Laissez-les sécher quelques jours sur un papier journal, puis placez-les dans le mixeur avec du gros sel. Mixez. Vous obtenez un sel parfumé à moindre coût !

JE PARFUME MON BEURRE

Si vous avez des restes d'herbes aromatiques sèches, mixez-les avec une motte de beurre. Puis recomposez la motte et placez-la dans un récipient au réfrigérateur. Elle vous permettra de composer des tartines originales et de parfumer facilement vos pâtes.

JE RÉANIME UNE SALADE FLÉTRIE

Si la salade n'est pas pourrie, mais seulement toute ramollie, laissez-la tremper trois quarts d'heure dans un saladier d'eau fraîche. Les feuilles vont retrouver leur jeunesse !

JE FAIS DU PAIN PERDU

Vous jetez de très nombreux petits morceaux de pain sec ? Découpez-les en tranches plates, placez-les dans un plat à four, imprégnez le tout de lait. Versez par-dessus un mélange composé de deux œufs, d'une cuillère à soupe de crème fraîche, de sucre et d'un sachet de sucre vanillé. Ajoutez encore du lait pour que les morceaux de pain soient bien recouverts. Enfournez à 150° pendant trente minutes. Avant de servir, saupoudrez de sucre glace.

J'ATTENDRIS DU PAIN DUR

La miche est restée dehors, et le pain est dur comme de la pierre : passez-la sous l'eau, posez le pain dans le four à 150°, et laissez-le s'imprégner et récupérer son moelleux. Au bout de vingt minutes, sortez-le du four.

LES HUILES ESSENTIELLES DE LA MAISON

Les huiles essentielles sont les alliées idéales pour désinfecter, nettoyer, désodoriser. Leurs vertus sont si nombreuses qu'il n'est pas facile de s'y retrouver. Voici celles qui sont indispensables.

LAVANDE

+

ARBRE À THÉ

CONTRE LES CHAMPIGNONS ET LES MOISISSURES

Vous pouvez diluer quelques gouttes de ces huiles essentielles dans 1 L de vinaigre. Mélangez bien et vaporisez les surfaces concernées.

ROMARIN

CONTRE LES ACARIENS ET LES VIRUS

Vous pouvez verser quelques gouttes dans le sac de l'aspirateur, et également préparer une solution à vaporiser sur les tissus en mélangeant 10 gouttes de chaque huile essentielle dans 1 L de vinaigre.

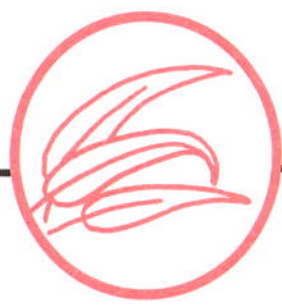

EUCALYPTUS CITRONNÉ

CONTRE LES INSECTES

Celle-ci fait fuir la très grande majorité des insectes : c'est l'huile essentielle d'eucalyptus citronné. Si son odeur très puissante vous écœure, optez plutôt pour celle que vous devez toujours avoir dans votre placard : l'huile essentielle de lavande.

CITRON + MENTHE

CONTRE LES MAUVAISES ODEURS

Vous pouvez simplement déposer quelques gouttes sur un essuie-tout dans la pièce à désodoriser, en veillant à le changer régulièrement.

RECETTE DE DÉTERGENT MAISON

LIQUIDE VAISSELLE

INGRÉDIENTS

LE JUS DE
3 GROS CITRONS

250 G DE SEL FIN

1/2 L D'EAU

300 ML DE VINAIGRE

10MIN

LIQUIDE DE RINÇAGE

Est-ce bien une recette ? Remplacez simplement votre liquide de rinçage habituel par du vinaigre d'alcool. Sachant que la bouteille d'un litre de vinaigre coûte environ 40 centimes, et qu'un liquide de supermarché vaut environ 5 euros les 500 ml, l'économie est considérable, tant pour la planète que pour votre porte-monnaie !

LE CITRON

C'est beau de rentrer du marché avec des citrons frais, et de savoir qu'on peut nettoyer toute sa cuisine avec. Exit la ribambelle de produits sous l'évier !

IL DÉCAPE MA PLANCHE À DÉCOUPER

Les planches en bois graissent facilement et se tachent également. Pour éliminer tout cela, répandez du gros sel sur la planche, puis ajoutez les gouttes d'un demi-citron et frottez la planche avec l'écorce de celui-ci.

IL NETTOIE TOUT SEUL LE MICRO-ONDES

Pour décoller facilement les aliments qui ont débordé dans votre micro-ondes, découpez un citron dans un bol, ajoutez de l'eau et passez le tout dans le four pendant cinq minutes. La vapeur de l'eau et du citron décollera la saleté incrustée, et vous n'aurez plus qu'à passer un coup d'éponge sans frotter.

IL RAJEUNIT MES ÉPONGES

Avant de jeter votre éponge décatie, faites-la tremper une nuit dans un jus de citron. Le lendemain matin, le résultat sera bluffant !

IL ENLÈVE LES TACHES DE ROUILLE

Lorsqu'on ajoute trop de sel dans son lave-vaisselle, on peut avoir une désagréable surprise : les couverts en inox et les casseroles sont tachés de points de rouille. Pas de panique ! Déposez simplement quelques gouttes de citron sur les points de rouille et laissez agir, le citron a le pouvoir de détruire l'oxydation.

IL FAIT DISPARAÎTRE LES MAUVAISES ODEURS

Placez une rondelle de citron sur une coupelle dans votre réfrigérateur, il absorbera les mauvaises odeurs. Quant aux relents de poubelle pas fraîche, voici une astuce toute simple : dans un bac à glaçons, placez des petits morceaux de citron recouverts d'eau. Lorsque vous videz votre poubelle et que vous changez le sac, placez-y au fond un des glaçons au citron : il diffusera lentement une bonne odeur et neutralisera les mauvaises.

IL DONNE UNE SECONDE JEUNESSE À MES CHAUSSURES

Frottez vos cuirs avec un demi-citron. Essuyez avec un chiffon doux, puis passez votre cirage habituel. La couleur sera comme au premier jour !

L'INFO DÉCRYPTÉE

MAUVAISES ODEURS

On le sait, les désodorisants chimiques ne sont pas bons pour nos poumons. Mais ce n'est pas une raison pour que ma maison sente le chien mouillé un lendemain d'un repas moules-frites.

ÇA SENT LE GRAILLON

Faites brûler un bouquet garni ou des herbes aromatiques dans un bol ou une coupelle en terre cuite.

ÇA PUE LE TABAC FROID

Placez 10 gouttes d'huile essentielle de thym dans une casserole contenant environ 1 L d'eau et portez à ébullition.

ÇA SENT PAS LA ROSE DANS LES TOILETTES

Grattez une allumette et laissez-la se consumer. Le soufre neutralise toutes les mauvaises odeurs. Pour parfumer, placez du thé vert dans une coupelle, sur laquelle vous aurez déposé quelques gouttes d'huile essentielle d'*Eucalyptus radiata*.

ÇA SENT LE PLACARD À CHAUSSURES

Mélangez 10 gouttes d'huile essentielle de menthe et 1 L de vinaigre dans un vaporisateur que vous pourrez utiliser sur les chaussures. Ajoutez une goutte d'huile essentielle de pin sur les semelles de chaque basket pour parfaire la désodorisation.

ÇA SENT LE MOISI

Avant toute chose, aérez régulièrement la pièce. Puis mélangez 5 gouttes d'huile essentielle de citron, 5 gouttes d'huile essentielle de menthe et 1 L de vinaigre dans un vaporisateur. Utilisez ce mélange pour vaporiser les surfaces concernées. Si c'est votre tapis qui sent le moisi, répandez dessus du bicarbonate, laissez agir une heure, puis aspirez.

ÇA SENT LES ÉGOUTS

Il y a des remontées nauséabondes dans vos canalisations ? Versez 1 L de vinaigre bouillant dans le conduit.

ÇA SENT LA TRANSPIRATION

Après plusieurs machines, vos vêtements de sport sentent toujours la transpiration et embaument votre lingerie ? Saupoudrez de bicarbonate les vêtements concernés avant chaque lavage. Laissez agir une demi-heure, puis faites un cycle normal.

ÇA SENT LE ROUSSI

Faites bouillir de l'eau avec un jus de citron dans votre cocotte-minute : la vapeur d'eau qui s'en dégagera désodorisera la pièce.

TOUT DOIT DISPARAÎTRE !

FAITES FUIR LES BÉBÊTES

Marre des insectes qui mettent à mal votre beau jardin ?
Voici des astuces simples et écologiques pour vous en débarrasser.

CONTRE LES MOUCHES

Les mouches n'aiment pas l'odeur de la lavande, de la menthe et du basilic. Composez un mélange de ces trois huiles essentielles et de vinaigre, et vaporisez les endroits concernés. Cependant, les mouches sont très difficiles à éradiquer. Pour les éloigner, il est important de ne pas leur offrir de lieux de ponte : déjections d'animaux, fruits trop mûrs laissés à l'air libre, cadavres de souris dans un grenier... Plus votre maison sera propre de la cave aux combles, moins les mouches seront nombreuses.

CONTRE LES FOURMIS

Voici une solution radicale : mettez de l'huile essentielle d'eucalyptus citronné sur leur chemin... La fourmi fera demi-tour !

CONTRE LES CAFARDS

Déposez sur leur passage des gouttes d'huile essentielle de clou de girofle, de menthe poivrée et d'eucalyptus citronné.

CONTRE LES POUX

Tout d'abord, équipez-vous d'un peigne à poux cranté. Faites chauffer du vinaigre d'alcool et versez-le dans un bol. Trempez le peigne dans le liquide puis peignez la chevelure, répétez l'opération jusqu'à ce que toute la chevelure soit imprégnée, car aucun pou ne résiste au vinaigre. Répétez l'opération trois soirs de suite.
Si les cheveux sont véritablement envahis de poux, étalez de la vaseline sur la chevelure après le traitement au vinaigre. Placez un bonnet en polaire sur la tête de l'enfant (le tissu polaire se lave ensuite plus facilement que la laine). Conservez ce mélange sur la tête de votre petite victime le plus longtemps possible. Rincez ensuite plusieurs fois dans la baignoire et achevez en peignant au vinaigre.

CONTRE LES GUÊPES ET LES FRELONS

Réalisez des pièges à guêpes et à frelons très tôt dans la saison. Découpez une bouteille d'eau minérale en plastique et renversez le sommet de la bouteille dans la partie du bas. Au fond du piège, versez du sirop fruité mélangé avec de la bière. Suspendez les pièges un peu partout autour de la maison. Pour dîner tranquille à l'extérieur, faites brûler du thym dans une soucoupe. Versez aussi quelques gouttes d'huile essentielle de citronnelle dans le cendrier. Les guêpes n'apprécient aucun des deux.

CONTRE LES PUNAISES

L'huile essentielle qui repousse les insectes « suceurs de sang » est l'huile essentielle de neem. Vaporisez vos literies avec un mélange de vinaigre et d'huile essentielle de neem. Si vous souhaitez repousser les punaises des bois, qui sentent si mauvais lorsqu'on les écrase, vaporisez un mélange d'huile essentielle de menthe et d'huile essentielle de neem. Sachez qu'elles détestent également l'odeur de l'ail frotté ou haché.

CONTRE LES ARAIGNÉES

Les araignées n'apprécient pas l'odeur de menthe fraîche ou de citron. Vaporisez un mélange de vinaigre et d'huile essentielle de menthe ou de citron. Si elles ne veulent pas déménager, passez à l'eucalyptus citronné.

TOUT DOIT DISPARAÎTRE !

VOUS AVEZ UN CHAT ET UNE MAISON PROPRE

Le chachat à sa mémère qui pisse partout et qui règne en maître sur notre maison, on dit non !

J'ÉVITE LES PUCES

Attention : les huiles essentielles sont très toxiques pour votre chat. Il est donc important d'opter pour un produit vétérinaire adapté aux félins. Cependant, vous pouvez utiliser les huiles essentielles pour repousser les puces. Celles-ci adorent les lieux poussiéreux, si bien qu'un tapis mal nettoyé est parfait pour qu'elles y pondent des œufs. Secouez, aspirez les tapis et vaporisez-y régulièrement du vinaigre additionné d'huile essentielle de lavande : les puces iront s'installer ailleurs !

J'ÉVITE LES PIPIS PARTOUT

Si votre chat a fait ses besoins au mauvais endroit, surtout ne nettoyez pas avec de l'eau de Javel, car il sera attiré et recommencera ! Arrosez l'endroit avec du vinaigre associé à de l'huile essentielle de citron ou de lavande.

JE L'ATTIRE DANS SA CAISSE

Les chats sont naturellement attirés par les odeurs chlorées. Si vous nettoyez sa caisse avec de l'eau de Javel, il sera heureux.

JE ME DÉBARRASSE DES POILS

Humidifiez un chiffon en microfibre et utilisez-le pour frotter les coussins sur lesquels votre chat laisse des poils. Ceux-ci formeront des boules faciles à enlever.

J'INSTALLE DES GRIFFOIRS ASTUCIEUX

Quel que soit le griffoir que vous choisissez (vertical, horizontal, tapis en coco ou bloc de carton), sachez que votre chat ne fait pas ses griffes pour vous ennuyer mais par instinct : il marque son territoire aux différentes entrées de la maison. Alors, si votre canapé est placé dans l'axe d'une porte, il ne pourra pas y résister. Placez des griffoirs à côté des différentes entrées pour éviter les catastrophes. Pour attirer votre chat sur le griffoir, frottez-le avec de l'herbe à chat.

TOUT DOIT DISPARAÎTRE !

VOUS AVEZ UN CHIEN ET UNE MAISON QUI SENT BON

Le chienchien à son pépère qui envahit toute la maison et qui la parfume façon SPA, on dit non !

ODEUR DE CHIEN MOUILLÉ DANS LA VOITURE

Nettoyez les filtres de votre aspirateur, et déposez quelques gouttes d'huile essentielle de pin à l'intérieur du sac. Répandez du bicarbonate sur les sièges et laissez agir toute la nuit, puis aspirez le lendemain.

CACA ET PIPI DE CHIEN DEVANT CHEZ MOI

Aux endroits où vous trouvez des déjections, placez simplement une bouteille d'eau minérale remplie d'eau. Le chien passera son chemin.

PIPI DE CHIEN DANS LA MAISON

Si votre chien a uriné dans la maison, surtout ne nettoyez pas lorsqu'il est présent dans la pièce, car il s'empressera de recommencer au même endroit pour bien marquer son territoire. Nettoyez la surface avec un mélange qui va saturer son odorat :

- 2 verres de vinaigre blanc
- 2 cuillères à soupe de bicarbonate
- 20 gouttes d'huile essentielle de citron
- 1 cuillère à soupe de poivre moulu
- 1 cuillère à soupe de graines de moutarde moulues.

ODEUR DE TOUTOU CRACRA DANS MON SALON

Lorsque votre chien rentre de balade, prévoyez simplement une serviette éponge pour l'essuyer. Vous pouvez par exemple l'imprégner d'une eau florale de lavande. Sur les textiles du salon, les rideaux, les canapés, vaporisez régulièrement un peu de vinaigre auquel vous aurez ajouté 20 gouttes d'huile essentielle de pin.

LE SAVON NOIR

Le savon noir est ultra écolo : il est composé d'un mélange d'huiles et d'olives macérées dans du sel et de la potasse. Il peut devenir le détergent multi-usage de votre maison.

IL RAVIVE LES SOLS

Parquets, carrelages, tomettes...
Il nettoie et nourrit en douceur.
Un bouchon de savon noir dilué dans un seau d'eau tiède suffit.

IL DÉTACHE

Si le vinaigre et le bicarbonate ne sont pas venus à bout d'une tache récalcitrante, essayez une goutte de savon noir sur la zone à traiter.

IL DÉGRAISSE

Pour un grand nettoyage dans votre cuisine, préférez le savon « mou », c'est-à-dire le savon noir non liquide. Pour un usage quotidien, optez pour le savon noir liquide.

IL VOUS DÉBARRASSE LE JARDIN DES INSECTES

Dilué avec de l'eau, puis vaporisé sur la plante, il étouffe les indésirables et repousse les parasites.

LES P'TITES ASTUCES DU JARDIN

JE RAJEUNIS LES FAUTEUILS EN PLASTIQUE

Il vous suffit de les frotter avec un mélange composé de 6 cuillères à soupe de bicarbonate et d'un demi-litre de vinaigre d'alcool.

JE NETTOIE LE BARBECUE

À chaque utilisation, laissez chauffer à fond le barbecue pendant une demi-heure. Faites-le à vide si c'est un barbecue au gaz, et avec du charbon s'il s'agit d'un barbecue avec des braises. Le feu va effectuer une sorte de pyrolyse sur la grille. Ensuite, laissez-le refroidir pendant cinq minutes, puis frottez le tout avec du papier journal. Si les graisses sont tenaces, vaporisez du vinaigre sur la grille chaude et frottez à nouveau.

J'ÉLIMINE LES MAUVAISES HERBES

Il suffit de verser de l'eau bouillante additionnée d'une cuillère à soupe de bicarbonate sur l'endroit où les mauvaises herbes poussent, par exemple le long d'un mur. Vous pouvez aussi y jeter l'eau bouillante de vos pâtes ou de votre riz.

TOUT DOIT DISPARAÎTRE !

ÉLOIGNEZ LES ESCARGOTS ET LES PUCERONS

Marre des insectes qui mettent à mal votre beau jardin ?
Voici des astuces simples et écologiques pour vous en débarrasser.

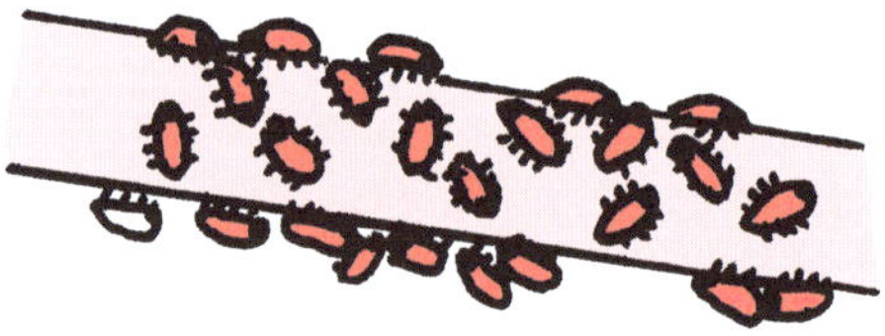

ESCARGOTS

Concassez des coquilles d'œufs et déposez-les au pied de la plante à protéger. Les escargots et les limaces passeront leur chemin.

PUCERONS

N'attendez pas de les voir sur la plante pour agir ! Tôt dans la saison, vaporisez sur la plante un mélange de 3 L d'eau et de 3 cuillères à soupe de savon noir. Ajoutez 10 gouttes d'huile essentielle d'eucalyptus citronné pour obtenir un effet encore plus efficace. En cas de forte pluie, renouvelez l'opération.

LAISSEZ UN GRAIN DE FOLIE DANS VOTRE JARDIN !

Les herbes folles, les fleurs des champs, les tas de feuilles attirent les insectes, et par la même occasion les oiseaux. Laissez votre tondeuse tranquille, et profitez du hamac…

L'IDÉE DE SUPER-MAMIE

ATTIREZ LES GENTILS INSECTES ET LES OISEAUX

Pour attirer les oiseaux dans votre jardin, installez un nichoir, ainsi que les plantes appropriées pour faire venir les insectes utiles.

COCCINELLES

Elles sont gourmandes de pucerons, c'est pourquoi il est bon de les attirer. Pour cela, oubliez la haie verte parfaitement tondue, la pelouse vert fluo sans une mauvaise herbe, car les coccinelles aiment les senteurs variées et les herbes folles pour se nicher. Proposez-leur un refuge hivernal, comme les tas de feuilles mortes et les tas de bois. Les coccinelles aiment le désordre !

PAPILLONS ET ABEILLES

Pour les amener dans votre jardin, faites pousser des plantes odorantes comme le jasmin, le chèvrefeuille, la lavande... Laissez pousser l'herbe et les mauvaises herbes, car les papillons et les abeilles n'apprécient pas les jardins qui ressemblent à Wimbledon.

MÉSANGES

Jetez des cacahuètes dans votre jardin, et vous verrez les mésanges apparaître.

MOINEAUX

Répandez des graines de tournesol, et les moineaux apparaîtront comme par magie !

GEAIS

Mélangez du beurre à des cacahuètes et le tour est joué !

8 ASTUCES POUR

JE PLANTE LES VÉGÉTAUX DE MA RÉGION

Ils s'acclimateront mieux aux variations de pluviométrie. Pour savoir quelles espèces planter, observez les jardins alentour !

J'ARROSE LE SOIR

L'eau s'imprégnera mieux et s'évaporera moins.

JE RÉCUPÈRE L'EAU DE PLUIE

Même sur le balcon, vous pouvez laisser l'arrosoir à l'air libre pour qu'il se remplisse tout seul quand il pleut.

JE RÉUTILISE LES EAUX DE CUISINE

Eaux des légumes, eaux gazeuses éventées… Lorsqu'elles sont froides, elles sont excellentes pour le jardin.

JE PLACE UN FILTRE À CAFÉ AU FOND DES PETITS POTS DE FLEURS

L'eau s'écoulera moins vite et la plante pourra prendre tout son temps pour la boire.

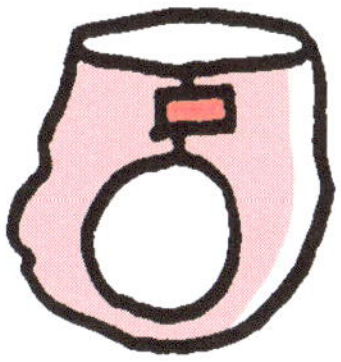

J'INSTALLE DES COUCHES-CULOTTES AU FOND DES GRANDS POTS

Elles se gorgeront d'eau que la plante pourra réutiliser selon ses besoins.

JE CREUSE UNE CUVETTE AU PIED DES ARBRES

Par temps de pluie, l'eau s'écoulera vers l'arbre et la cuvette se remplira. Si la plantation est située sur une bordure, vous pouvez réaliser une petite digue avec la terre pour que l'eau se dirige vers l'arbre et ne ravine pas le terrain.

J'ENTERRE UN POT EN PLASTIQUE TROUÉ AU CENTRE DE MES CULTURES

Au lieu d'arroser directement sur la plante, remplissez le pot troué. L'eau se trouvera alors directement en contact avec les racines des plantes environnantes, ce qui évitera une déperdition d'eau en surface.

ÉCONOMISER L'EAU

MAMIE PRO DU LINGE

SORTEZ DU PLACARD CE CHEMISIER ADORÉ

dont vous ne parvenez pas à enlever la tache !
Mamie a des astuces qui vont vous changer la vie !

J'ENLÈVE LES TACHES

Finis, les vêtements laissés de côté parce qu'ils ont des taches d'huile, de transpiration ou de vin ! Vous saurez toutes les astuces pour en venir à bout.

JE PLIE

Toujours des piles de vêtements qui traînent sur les meubles ou des housses de drap froissées ? Désormais, vous saurez parfaitement plier une housse de drap sans l'aide de personne et en un temps record !

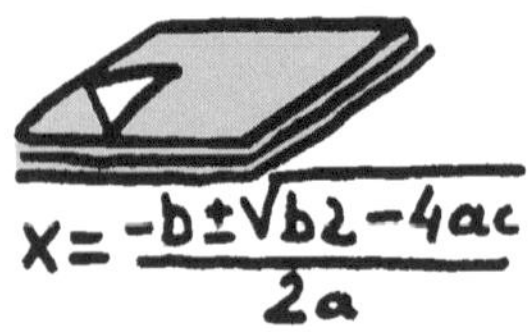

JE TRIE

Vous avez dix t-shirts noirs mais une seule robe noire ? C'est qu'il faut faire un tri, mais on sait combien il est difficile de se séparer de ses vêtements ! Découvrez l'astuce de grand-mère pour déterminer les vêtements indispensables.

JE RANGE

C'est le bordel dans votre maison ? C'est parce que chaque objet n'a pas sa place attitrée. Obtenez une maison ordonnée pour un esprit en paix.

TOUT DOIT DISPARAÎTRE !

VENEZ À BOUT DE TOUTES LES TACHES !

Sang, chocolat ou maquillage… Toutes les taches ont un ennemi imparable !

SANG

S'il s'agit d'une tache de sang récente, surtout n'utilisez jamais d'eau chaude, vous allez cuire la tache de sang et elle sera plus difficile à enlever. Savonnez, puis rincez à l'eau froide.
En revanche, si la tache est sèche, diluez un cachet d'aspirine dans du vinaigre d'alcool, tapotez la tache avec le mélange, puis laissez agir une heure avant de rincer.

ROUILLE

Étalez du jus de citron sur la tache, puis passez le fer à repasser sur le tissu.

ENCRE

Avec un torchon, gommez la tache à l'aide de lait de vache, puis passez le tissu en machine.

HERBE

Étalez du dentifrice, frottez avec une brosse à dents, puis ajoutez du vinaigre d'alcool. Passez ensuite en machine.

CHOCOLAT

Si la tache est fraîche, comme une tache de crème glacée, savonnez et rincez à l'eau. Si la tache est ancienne, frottez avec du bicarbonate humidifié ou avec un dentifrice blanc.

VIN

Si la tache est fraîche, versez aussitôt du vin blanc sur la tache, ou encore du sel ou de la farine. Ces trois astuces absorberont la tache. Rincez ensuite au vinaigre d'alcool avant de passer le tissu en machine. En revanche, si la tache est ancienne, imbibez le tissu avec un jus de citron, puis versez du bicarbonate par-dessus. Laissez agir une demi-heure, puis rincez au vinaigre d'alcool avant de mettre le tissu à la machine à laver.

HUILE

Avant tout, ne passez jamais d'eau sur la tache, car l'huile va s'imprégner dans les fibres du tissu, et elle sera plus difficile à enlever. Si la tache est fraîche, saupoudrez-la de Maïzena ou de farine. Si elle est ancienne, saupoudrez-la de farine, déposez-y ensuite des feuilles d'essuie-tout, puis repassez la tache. La chaleur agira sur l'huile.

FRUITS

Tapotez la tache avec de l'eau oxygénée et placez le vêtement au soleil. Vous pouvez aussi tapoter avec un mélange de bicarbonate et de vinaigre.

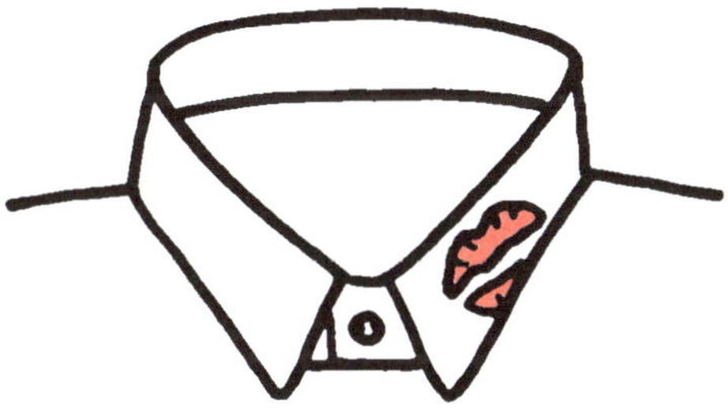

ROUGE À LÈVRES ET AUTRES TRACES DE MAQUILLAGE

Saupoudrez la tache de bicarbonate, puis vaporisez avec du vinaigre. Laissez mousser et passez le vêtement à la machine à laver.

AURÉOLES

Les auréoles sous les aisselles ou les cols de chemise gris ne sont pas très glamour ! Versez un jus de citron, puis saupoudrez de bicarbonate. Placez le linge au soleil pendant une heure, puis mettez-le à la machine.

MOISISSURES

Dans un récipient, versez une moitié d'eau chaude, une moitié de vinaigre et une goutte de savon liquide ou de liquide vaisselle. Frottez les moisissures à l'aide de ce mélange.

URINE

Sur un vêtement, l'urine s'enlève facilement, il suffit de le passer en machine.
Si le matelas est touché et encore humide, répandez du bicarbonate, tapotez et laissez-le absorber l'urine, puis passez l'aspirateur. Pour désodoriser, vaporisez du vinaigre avec une goutte d'huile essentielle, et faites sécher au sèche-cheveux (ou mieux : au soleil et au grand-air).
Si le matelas est sec, saupoudrez du bicarbonate sur la tache, puis vaporisez du vinaigre dessus. Laissez mousser puis savonnez à l'eau tiède et placez le matelas au soleil.

LA LESSIVE ÉCO(LO)NOMIQUE

LESSIVE MAISON

INGRÉDIENTS

30 G DE SAVON DE MARSEILLE

3 CUILLÈRES À SOUPE DE BICARBONATE

3 CUILLÈRES À SOUPE DE VINAIGRE BLANC

3 L D'EAU

QUELQUES GOUTTES D'HUILES ESSENTIELLES DE MENTHE, DE LAVANDE OU DE GÉRANIUM D'ÉGYPTE

ASTUCES

Lavez à 30° plutôt qu'à 60° : vous économiserez 60 % d'énergie.

Divisez par deux la quantité de lessive liquide ou en poudre classique utili et rajoutez du vinaigre à la place.

Évitez d'utiliser un assouplissant industriel : à la longue, il encrassera vot machine ainsi que les capteurs électroniques de votre sèche-linge.

Il existe du savon de Marseille déjà râpé en vente dans les boutiques biologiques et certaines drogueries.

EXIT LES MITES !

Les mites pondent au printemps, et ce sont les larves qui mangent la laine, la soie ou le cachemire. Autrement dit, quand, en août ou en septembre, vous voyez voler de tout petits papillons, c'est déjà trop tard pour agir. Par ailleurs, comme les mites adorent l'odeur humaine, cela fera leur bonheur si vous entreposez des pulls en laine non lavés.

EN MARS-AVRIL, lavez vos pulls et secouez-les régulièrement à l'air libre : les œufs de mites s'y installeront moins facilement.

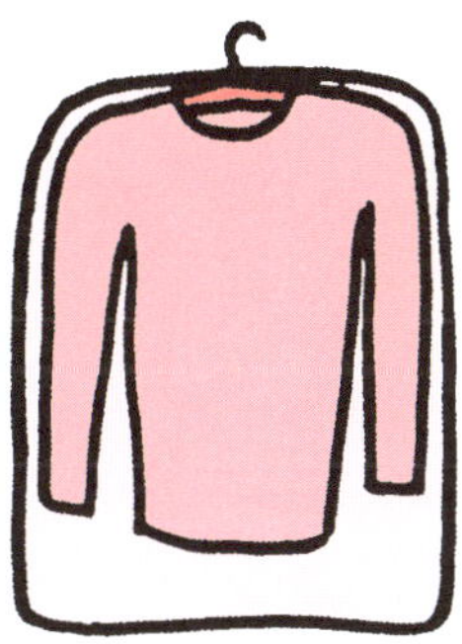

UTILISEZ DES HOUSSES EN PLASTIQUE pour vos pulls précieux et propres. Si vous en avez porté un, et que vous ne souhaitez pas le laver aussitôt, rangez-le sur la housse, mais pas dans la housse : ne mélangez pas les pulls propres et les pulls qui portent votre odeur.

UTILISEZ LES HUILES ESSENTIELLES que les mites détestent. Sur un mouchoir, déposez 3 gouttes d'huile essentielle de cèdre, 3 de clou de girofle et 3 de lavande, et entreposez ce mouchoir dans votre armoire à vêtements.

LA RECETTE ANTI-ALLERGÉNIQUE

ASSOUPLISSANT MAISON

INGRÉDIENTS

2 CUILLÈRES À SOUPE DE BICARBONATE

300 ML DE VINAIGRE BLANC

500 ML D'EAU

15 GOUTTES D'HUILE ESSENTIELLE DE GÉRANIUM D'ÉGYPTE OU DE LAVANDE

1 CUILLÈRE À SOUPE DE FARINE DE RIZ

VOUS N'AVEZ PAS LE TEMPS ?

Versez simplement un capuchon de vinaigre d'alcool avec 2 gouttes d'huile essentielle dans le bac à assouplissant de votre lave-linge.

LES P'TITES ASTUCES DU LINGE

JE LAVE MON CACHEMIRE

Utilisez très peu de lessive (1 cuillère à café à peine pour un pull). Trop de lessive va feutrer la laine.
Lavez à 20°, pas plus. Cela permettra de conserver la souplesse du tissu.
N'utilisez pas d'assouplissant industriel, versez simplement 2 cuillères à soupe de vinaigre et 3 gouttes d'huile essentielle de votre choix dans le bac à assouplissant.

J'ÉVITE LES BOULOCHES

Je repasse mon pull, et je passe régulièrement un rasoir à l'endroit où le pull commence à boulocher.

J'AI UN SÈCHE-LINGE EFFICACE

Placez une balle de tennis dans votre sèche-linge : celle-ci permettra à l'air de circuler entre les vêtements et évitera qu'ils ne restent « en boule ».
Ajoutez une petite serviette de toilette dans votre sèche-linge.
Elle absorbera l'humidité qui se dégage des vêtements au cours du cycle.

JE NETTOIE MON FER À REPASSER

Passez un chiffon en coton imbibé de jus de citron ou de vinaigre sur le fer encore chaud, mais débranché. On n'y pense pas, mais il peut s'encrasser.

L'ART DE PLIER SON LINGE

PLIEZ VOTRE HOUSSE DE COUETTE

Inutile d'attendre de l'aide de son chéri ! Plier une couette sans l'aide de personne, c'est beaucoup plus simple qu'il n'y paraît : le secret est dans les coutures du tissu.

1

Je cherche le petit côté de la couette, celui où il n'y a pas d'ouverture. Je suis bien la couture, et je plie la couette en deux, en prenant soin de placer l'ouverture des deux pans dans ma main gauche.

2

J'attrape les deux coins ainsi réunis, et je vais cette fois réunir les coutures des deux grands côtés.

3
Je plie peu à peu la couette selon la longueur de mes bras en suivant les coutures des grands côtés.

4
Chaque fois que je vais chercher un nouveau pan à plier, je peux m'aider de mon menton pour libérer mes bras.

5
Et voilà ! Il ne me reste plus qu'à déposer la housse sur une table pour la plier en trois : ainsi, mes armoires seront dignes d'un grand hôtel.

4 MÉTHODES IMPARABLES POUR TOUT RANGER

J'ACCORDE UNE PLACE À CHAQUE CHOSE

Si votre sèche-cheveux n'a pas de place précise de rangement, c'est certain, il va traîner dans la salle de bain. Réfléchissez donc à la fonction de chaque objet, pour leur attribuer une place précise, mieux les retrouver au quotidien et éviter le désordre.

JE NE LAISSE RIEN TRAÎNER AU SOL

Ni votre sac, ni une pile de magazines RIEN.

JE RANGE LES OBJETS SELON LEUR USAGE

Les objets les plus utilisés doivent se trouver à portée de main. Par exemple, le petit hachoir est dans le tiroir du bas, tandis que l'appareil à raclette sera tout en haut du placard, vu que vous ne vous en servez pas tous les jours.

JE TRIE MES VÊTEMENTS PAR COULEUR

Si vous réalisez que vous possédez dix pantalons noirs, c'est qu'il est inutile d'en racheter ! Vous pourrez en donner ou en mettre dans la borne de recyclage de vêtements. En plus, vous gagnerez du temps pour vous habiller le matin.

L'ART DE PLIER SON LINGE

PLIEZ VOS VÊTEMENTS ET RETROUVEZ LES CHAUSSETTES

Qui n'a jamais trouvé les corps des danseurs gracieux et sculptés à souhait ? Voici un exercice qui donne de jolies fesses toniques et renforce votre posture.

JE NE DÉMOLIS PLUS MES PILES DE LINGE EN CHERCHANT TOUT AU FOND DE LA PILE

Soulevez très légèrement le pull qui se situe au-dessus de celui que vous convoitez et passez votre main au-dessous, bien à plat, comme si vous vouliez sortir une pizza du four avec une spatule, puis attrapez le pull convoité.
Pour le ranger à nouveau au centre de la pile, procédez de la même façon : soulevez le pull du dessus avec une main bien à plat et prenez le pull à ranger bien à plat sur votre autre main. Il ne vous reste plus qu'à le déposer au cœur de la pile, sans avoir tout démoli !

JE CONNAIS LE SECRET DE LA CHAUSSETTE PERDUE

C'est bien connu, les lave-linge sont chaussettivores. S'ils en dévoraient deux à la fois, ça nous arrangerait presque. Mais non, ils n'en mangent qu'une seule, et plus la famille est grande plus le syndrome de la chaussette dépareillée s'intensifie. Voici quelques astuces pour réduire votre effectif de chaussettes esseulées.
Attribuez une couleur par enfant. Bleu pour le grand, noir pour le moyen, blanc pour le petit.
Exigez de toute la famille que les chaussettes atterrissent dans la corbeille de linge sale accouplées deux à deux. S'il y a des récalcitrants, refusez de laver les chaussettes seules.
Prévoyez un panier pour les chaussettes qui, malgré vos efforts, finissent esseulées. Jetez-y toutes les orphelines dedans et ne les laissez pas traîner sur la corde à linge. Une fois par mois, videz le panier et... miracle ! vous allez pouvoir réunir quelques paires. Tous les deux mois, jetez les orphelines récalcitrantes : leurs copines ne réapparaîtront jamais. Le mystère reste entier...

PLIEZ UN DRAP-HOUSSE

Finis, les draps en boule dans le placard et les piles de linge trop épaisses !

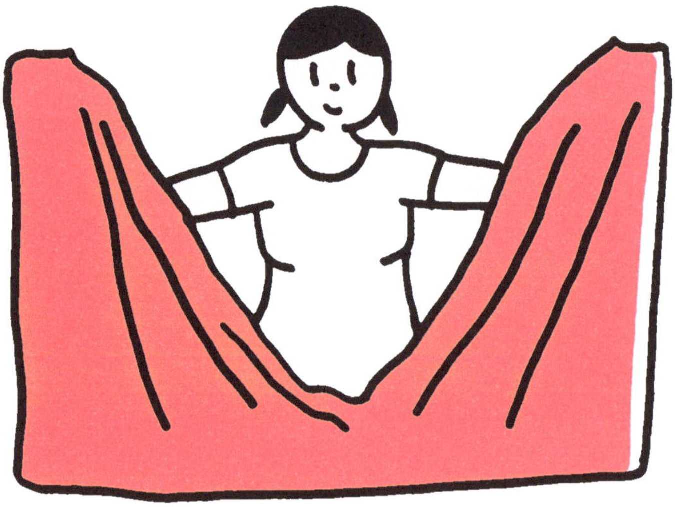

1

Vérifiez que le drap-housse est à l'endroit aux quatre coins.

2

Enfoncez un coin dans chacune des mains comme des gants, en choisissant le petit côté.

3

Passez le coin gauche sur le coin droit en le retournant (vous avez donc le premier à l'endroit et le second à l'envers, avec les coutures apparentes).

4

Placez le tout sur la main gauche, et secouez et lissez le drap vers le bas pour y voir plus clair.

5

Attrapez le coin du dessus qui traîne sur le sol et placez-le sur votre main gauche, à l'endroit. Faites de même avec le coin qui reste, à l'envers (coutures apparentes).

6

Repassez le tout sur votre main droite pour être plus à l'aise et tirez sur le tissu du petit côté pour le mettre en place.

7

Rentrez le tissu à l'intérieur des différentes pliures sur le grand côté s'il est bouchonné, puis posez le tout sur une table.

8

Il ne vous reste plus qu'à plier le drap en formant un beau rectangle !

LA MALLE DE L'OUBLI

VOUS AVEZ DU MAL À TRIER ET À JETER ? VOICI UNE ASTUCE MAGIQUE.

1 Offrez-vous une jolie malle assez grande et placez-y seulement un rouleau de sac poubelle de 50 litres.

2 Choisissez la pièce ou le meuble à désencombrer. Ne voyez pas trop grand pour ne pas vous décourager. Mieux vaut faire petit à petit.

3

Prenez deux sacs plastique : dans l'un vous jetez tout de suite, dans l'autre vous hésitez. Vous constaterez que le sac « j'hésite » va se remplir très vite.

4 Fermez consciencieusement le sac « j'hésite » et placez-le dans la « malle de l'oubli ».

5 Attendez un mois. Si au bout d'un mois vous n'avez pas rouvert le sac poubelle pour y prendre un objet utile, jetez ou donnez le sac. Mais surtout ne le rouvrez pas ! Sinon vos sentiments vont prendre le dessus et vous aurez à nouveau du mal à vous en séparer.

MAMIE REINE DE BEAUTÉ

NE JUREZ PLUS QUE PAR LES HUILES ESSENTIELLES ET VÉGÉTALES

Les huiles seront votre meilleur atout beauté, ne vous en privez pas !

PRENEZ SOIN DE VOTRE PEAU ET DE VOS CHEVEUX

Vous avez les cheveux gras ou colorés ? La peau sèche ou acnéique ? Chaque personne a ses propres besoins, et donc ses propres astuces !

DECOUVREZ LES BIENFAITS DES TISANES... POUR LA BEAUTÉ

Vous avez bien lu ! La tisane peut aussi être appliquée comme soin pour la peau.

FAITES VOS PROPRES MASQUES, GOMMAGES ET GELS DOUCHE

Rien de plus simple ! Avec les mêmes ingrédients que ceux de votre cuisine et de votre salle de bain, faites du bien à votre corps !

SOYEZ BELLE JUSQU'AU BOUT DES ONGLES

Finis, les ongles striés ou cassants ! Prendre soin de ses mimines est simple et facile.

LES HUILES ESSENTIELLES

Votre atout beauté, ce sont bien les huiles essentielles qui vont redonner éclat et santé aux cheveux et à la peau. Suivez le guide !

Pour les huiles végétales, pas de précaution particulière. En revanche, les huiles essentielles sont un extrait extrêmement concentré de la plante. C'est pourquoi il est important de les utiliser avec précaution. Signalez toujours à votre médecin l'usage d'une huile essentielle, et demandez-lui conseil systématiquement, surtout si vous êtes enceinte.

Chaque huile essentielle désigne une partie précise de la plante, c'est pourquoi il est important de bien noter le nom, et de ne pas confondre, par exemple, « huile essentielle d'eucalyptus radié » avec « huile essentielle d'eucalyptus citronné ».

Testez les doses sur votre peau : si 3 gouttes d'huile essentielle d'arbre à thé vous paraissent un peu agressives sur la peau, vous pouvez tester avec deux seulement, et obtenir un bon résultat. Dans tous les cas, testez toujours sur votre poignet chaque huile essentielle afin de vérifier une allergie éventuelle.

POUR LES CHEVEUX

Les principales huiles essentielles recommandées sont :

- L'huile essentielle d'ylang-d'ylang, à utiliser en massage pour les cheveux secs et ternes
- L'huile essentielle de cèdre de l'atlas à utiliser en massage pour éviter la chute.

POUR LA PEAU

- L'huile essentielle de lavande vraie est antiseptique et adoucissante.
- L'huile essentielle d'arbre à thé est antimicrobienne et antifongique.
- L'huile essentielle de ciste ladanifère est cicatrisante, elle relance la circulation du sang.

POUR BIEN COMMENCER

LA CHEVELURE DE RAIPONCE

Une chevelure, ça s'entretient ! L'un des meilleurs soins naturels reste le masque à base d'huile végétale. Voici trois réflexes à adopter.

LES HUILES VIERGES

Pour avoir une belle chevelure, misez sur les huiles végétales vierges, c'est-à-dire de première pression à froid. Elles sont particulièrement riches en oméga 3, 6 et 9. Méfiez-vous des imitations ! Les huiles raffinées sont beaucoup moins chères, mais elles ont perdu l'essentiel de leurs bienfaits.

LE BONNET

Après avoir appliqué votre masque d'huile végétale, placez systématiquement un bonnet en polaire (plus facile à laver) sur votre tête. Les huiles pénétreront mieux dans les fibres de vos cheveux si celles-ci restent tièdes.

L'HUILE VÉGÉTALE

Quelle que soit la nature de vos cheveux, appliquez un soin d'huile végétale tous les quinze jours pendant une demi-heure.

3 RECETTES

J'AI LES CHEVEUX SECS

Le combo pour ce type de cheveux est l'huile vierge d'abricot additionné de 6 gouttes d'huile essentielle de géranium anti-démangeaisons. L'été, vous pouvez utiliser l'huile d'abricot à la plage, car cette huile contient naturellement des filtres anti-UV.

J'AI LES CHEVEUX GRAS

Choisissez plutôt l'huile végétale de noisette additionnée de 6 gouttes d'huile essentielle d'arbre à thé pour 100 ml. Ainsi, les cheveux sont hydratés sans être alourdis, et le sébum est régulé.

J'AI LES CHEVEUX COLORÉS

Faites-vous un massage du cuir chevelu avec l'huile végétale d'argan.

MASQUE

SOS CHEVEUX TRÈS ABÎMÉS

1 banane

3 cuillères à café de lait

1 œuf

3 cuillères à café de miel

6 cuillères à café d'huile d'argan

1. Écrasez le tout pour obtenir une pâte onctueuse.
2. Étalez sur la chevelure et laissez agir une demi-heure sous le bonnet.

UNE PEAU DE BÉBÉ

Appliquez toujours les huiles sur une peau humide, juste après votre démaquillant, lorsque la peau est toute souple. L'effet « frite grasse » disparaîtra et vous allez découvrir une nouvelle façon très économique de soigner votre visage. Les huiles vierges peuvent remplacer toutes les crèmes !

J'AI LA PEAU SÈCHE

Mélangez à parts égales de l'huile végétale d'argan et de l'huile végétale de bourrache. Ajoutez 3 gouttes d'huile essentielle de camomille noble pour 50 ml. Massez votre visage avec cette préparation lorsque la peau tiraille.

J'AI LA PEAU DÉSHYDRATÉE

Mélangez à parts égales de l'huile végétale d'argousier et de l'huile végétale de bourrache. Appliquez cette préparation matin et soir.

J'AI LA PEAU GRASSE

Versez une goutte d'huile essentielle d'arbre à thé sur une noisette de votre crème de nuit habituelle. Elle resserre les pores et évite l'apparition des boutons. Le matin, massez votre visage avec un mélange composé à parts égales d'huile végétale de nigelle et d'huile végétale de calophylle.

J'AI LA PEAU MIXTE

Préparez un mélange d'huile essentielle de pépins de raisin et d'huile essentielle de nigelle à parts égales, et ajoutez 5 gouttes d'huile essentielle de lavande vraie pour 50 ml. Appliquez ce massage lorsque le besoin se fait sentir.

J'AI DES RIDES

Le matin, appliquez de l'huile végétale de pépins de framboise. Non seulement elle a une action antirides, mais en plus elle offre une barrière anti-UV. Le soir, appliquez l'huile végétale de rose musquée additionnée de 4 gouttes d'huile essentielle de ciste ladanifère pour 50 ml.

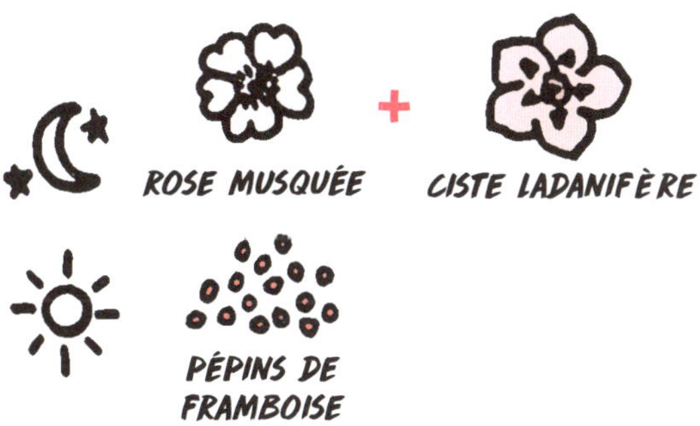

J'AI DES BOUTONS MALGRÉ MON GRAND ÂGE

Pour réduire l'acné rosacée, préparez un mélange composé à parts égales d'huile végétale de chanvre et d'huile végétale de calophylle. Ajoutez 3 gouttes d'huile essentielle d'arbre à thé et 3 gouttes d'huile essentielle de lavande vraie pour 50 ml. Massez votre visage avec ce mélange matin et soir.

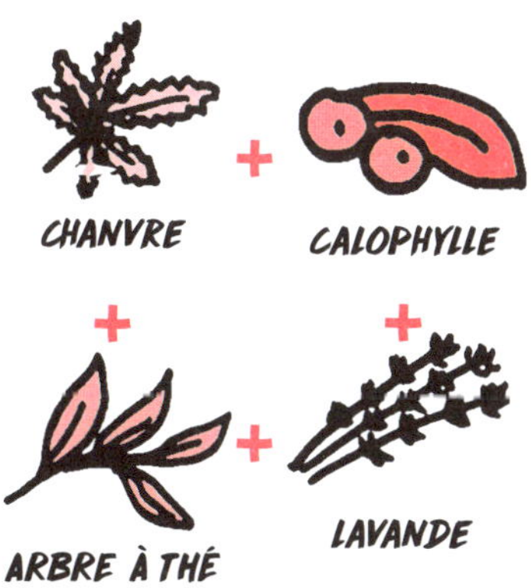

TISANES

DÉMAQUILLANT MAISON

Préparez simplement une tisane à la camomille. Laissez refroidir, puis versez dans un flacon. Si votre peau est très sèche, vous pouvez vous démaquiller directement à l'huile d'argan ou à l'huile d'amande douce, ou ajouter une goutte d'huile à la tisane.

TISANE À BOIRE « ANTI GRISE MINE »

À parts égales, composez le mélange suivant : anis vert, romarin, menthe poivrée, artichaut et réglisse. Buvez un mug de ce mélange tous les matins à jeun. Détox garantie !

TISANE À APPLIQUER « ANTI TEINT TERNE »

Si vous n'aimez pas boire des tisanes, vous pouvez vous confectionner une tisane de thym, la conserver dans un flacon et l'appliquer matin et soir sur votre peau.

TISANE À APPLIQUER « ANTI TACHES DE VIEILLESSE »

Faites infuser du persil et lavez-vous les mains quotidiennement avec cette infusion.

UN PEU D'ENTRETIEN !

MASQUE, GOMMAGES ET GEL DOUCHE

Rien de plus agréable que de composer ses propres soins beauté avec des produits naturels !

GEL DOUCHE MAISON

Râpez 50 g de savon d'Alep dans un petit bol. Ajoutez-y de l'eau dans un flacon de 150 ml. Parfumez la préparation avec 6 gouttes d'huile essentielle de lavande, puis versez le tout dans un flacon.

GOMMAGE CORPS HYPER SIMPLE

Faites-vous couler un bain chaud. Versez dans le bain un grand verre de vinaigre de cidre et 6 rondelles de citron bio. Plongez dans l'eau, relaxez-vous 15 minutes, puis frottez-vous avec une éponge un peu râpeuse et du savon d'Alep.

GOMMAGE NETTOYANT VISAGE

Voici un gommage à faire une fois par semaine. Mixez des flocons d'avoine. Mélangez une cuillère de cette farine à de l'huile d'olive. Avec cette préparation, massez votre visage, rincez à l'eau fraîche puis appliquez du gel d'aloe vera.

GOMMAGE DOUCEUR

Si votre peau est très sensible, appliquez une fois par semaine du gel d'aloe vera et massez quelques minutes. Le gel d'aloe vera a un effet gommant.

MASQUE ADOUCISSANT

Voici un masque tout simple, et qui convient à tous les types de peau. Appliquez un miel non liquide sur votre visage et prenez un bain chaud. Laissez agir 15 minutes dans la tiédeur du bain, puis... léchez-vous les babines !

LE DENTIFRICE

L'avantage, c'est qu'on en a toujours sous la main.
Bien entendu, on le choisit tout blanc, et s'il est blanchissant c'est encore mieux.

→ IL BLANCHIT LES ONGLES

Si vos ongles sont jaunis ou ternes, déposez du dentifrice sur chacun d'eux, passez des gants et laissez agir une heure. Rincez, vous allez étinceler !

→ IL ÉLIMINE LES MAUVAISES ODEURS SUR LES MAINS

Si vos mains sentent mauvais après l'épluchage de l'ail ou de crevettes, nettoyez-les en utilisant du dentifrice à la place du savon.

→ IL NETTOIE LES JOINTS DE LA SALLE DE BAIN

Vous n'avez plus de bicarbonate ? Qu'à cela ne tienne : déposez une noisette de dentifrice sur une vieille brosse à dents et frottez les joints pour éliminer les traces de moisissures.

→ IL EFFACE LES TRACES DE STYLO SUR LES MURS

Recouvrez la tache de dentifrice, laissez agir un quart d'heure, puis frottez en douceur avec un chiffon sec.

→ IL BRIQUE LA SEMELLE DU FER À REPASSER

Étalez le dentifrice sur la semelle, puis frottez avec un chiffon sec. Rincez ensuite avec un chiffon humide.

UN PEU D'ENTRETIEN !

LES ONGLES D'UNE DIVA

J'AI LES ONGLES CASSANTS

Une fois par semaine, faites tremper vos mimines dans de l'eau tiède, avec une grosse cuillère à soupe de gros sel (ou offrez-vous des vacances à Dubai !).

J'AI LES ONGLES STRIÉS

Dans un bol, versez le jus d'un citron et un peu d'huile d'olive. Mélangez comme si vous faisiez une vinaigrette. Appliquez cette lotion le soir sur les mains, et mettez des gants. Conservez-les le plus longtemps possible (toute la nuit, c'est idéal).

MAMIE CROIX-ROUGE

SOIGNEZ-VOUS AVEC LES ÉPICES DE VOTRE CUISINE

Origan, cumin, curcuma... Les épices soulagent bien des maux, notamment ceux qui sont liés à la digestion et aux états grippaux.

AFFRONTEZ LES MAUX DE L'HIVER

L'ail et le gingembre seront vos alliés pour passer l'hiver en toute sérénité, sans pour autant vous gaver de médicaments.

FINISSEZ-EN AVEC LA DIGESTION DIFFICILE

Les problèmes de digestion sont probablement les plus courants. Vous découvrirez comment soulager rapidement une diarrhée, une constipation, ou encore les ballonnements.

PARTEZ À LA CUEILLETTE DES PRINCIPALES PLANTES MÉDICINALES

Vous ne connaissez rien aux plantes ? Ne vous inquiétez pas, il y en a tout de même quelques-unes qui sont facilement identifiables et utiles en bobologie.

SOIGNEZ LES BOBOS DU QUOTIDIEN

Saignements de nez, orgelets, crampes... Nos mamies ont des remèdes imparables pour soulager les bobos du quotidien.

L'IDÉE DE SUPER-MAMIE

DES ÉPICES DANS VOTRE PHARMACIE

Nos grand-mères le savaient bien, ces petites herbes et épices que l'on saupoudre sur les plats peuvent atténuer bien des maux.

LE CUMIN

CONTRE LES BALLONNEMENTS

Le cumin facilite la digestion des légumes secs et des repas un peu lourds. Si vous souffrez de ballonnements, n'hésitez pas à ajouter du cumin dans l'eau de cuisson des aliments.

L'ORIGAN

POUR SOULAGER LA DIGESTION DIFFICILE

Non seulement l'origan est riche en antioxydants, mais il aide également à se prémunir contre les bactéries du système digestif. Alors, en cas de gastro ou de ballonnements trop fréquents, on sort le cocktail gagnant de son armoire à épices : l'origan, la cannelle et le cumin !

LA CANNELLE

CONTRE LA GASTRO ET LA TURISTA

Emportez votre cannelle en poudre si vous voyagez loin ! En cas de gastro, ajoutez de la cannelle à vos plats, et utilisez-la de façon préventive si une épidémie pointe son nez.

LE THYM

CONTRE LA TOUX

Toux, maux de gorge, voies respiratoires encombrées : ajoutez du thym à votre alimentation et préparez une infusion en y ajoutant un peu de miel. Inutile de s'offrir une tisane toute prête et plus chère : le thym que vous avez dans votre placard à épices conviendra parfaitement.

LE CURCUMA ET LE POIVRE

POUR PRÉSERVER SA SANTÉ

Puissant antioxydant, le curcuma serait aussi un allié pour se prémunir contre le cancer. Le curcuma rehausse agréablement le goût des aliments qu'il accompagne. Mélangez-le à votre sel de table, vous salerez moins et vous profiterez des bienfaits du curcuma au quotidien, et associez-le également au poivre qui permet à l'organisme de mieux assimiler la curcumine présente dans le curcuma.

ROUTINE DE SUPER-MAMIE

SOIGNEZ LES BOBOS SUR LA PEAU

Pour toutes les plaies superficielles, nos mamies avaient des réflexes pour apaiser immédiatement la douleur et accélérer la guérison. Profitons-en !

JE ME COUPE

Ôtez le papier d'une cigarette ou munissez-vous de papier à cigarettes, que vous déposerez sur la plaie pour stopper le saignement. Ensuite, passez de la pierre d'alun sur la plaie. Ensuite, appliquez du miel et faites un pansement.

JE ME BRÛLE LÉGÈREMENT

Sur la partie brûlée, appliquez du miel, qui est utilisé dans les services pour grands brûlés. Ensuite, faites un pansement pour protéger la blessure. Bien entendu, si la surface de peau brûlée est importante, contactez immédiatement les urgences.

JE ME COGNE

Appliquez un glaçon ou passez la partie douloureuse sous l'eau froide, puis massez avec de l'huile essentielle d'hélichryse romaine.

J'AI UNE ÉCHARDE

Passez de l'huile sur le doigt, faites un pansement à conserver une demi-journée. Puis nettoyez la peau et appliquez une fine lamelle d'ail. Pansez, laissez agir toute la nuit. Le lendemain matin, l'écharde partira très facilement.

J'AI UNE VERRUE

Coupez une fine lamelle d'ail frais, déposez-la sur la verrue et faites un pansement. Renouvelez le soin tous les matins ou tous les soirs.

ÇA ME DÉMANGE

En attendant de trouver avec votre médecin la cause des démangeaisons, prenez un bain additionné de deux cuillères à soupe de bicarbonate. S'il s'agit d'une démangeaison locale (piqûre de moustique, boutons après une balade en campagne), appliquez un coton imbibé de vinaigre.

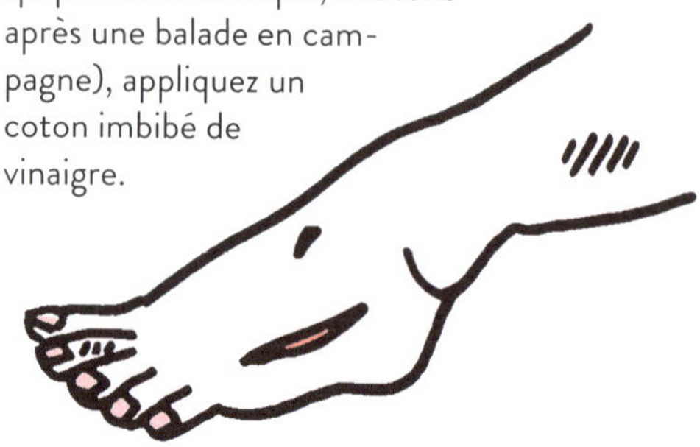

ROUTINE DE SUPER-MAMIE

AFFRONTEZ LES MAUX DE L'HIVER

J'AI MAL À LA GORGE

Versez quelques gouttes d'extrait de propolis au fond de la gorge toutes les deux heures dès que les premières douleurs s'installent.
Vous pouvez aussi croquer dans un morceau de gingembre. Pour que ce soit plus doux, vous pouvez y étaler un peu de miel.

J'AI DE LA FIÈVRE

Prenez un bain tiède. Il faut que vous ayez la sensation que l'eau est froide.
Si vous n'avez pas de baignoire, faites tremper vos pieds dans de l'eau chaude, puis faites tremper vos chaussettes dans de l'eau froide. Passez les chaussettes et mettez-vous au lit. Vos pieds rafraîchis vont faire tomber la fièvre.

J'AI LE NEZ QUI COULE

Préparez un bol d'eau chaude dans lequel vous aurez versé une goutte d'huile essentielle d'eucalyptus radié et une goutte d'huile essentielle de menthe. Placez votre tête au-dessus du bol et recouvrez-vous avec une serviette de toilette pour respirer les émanations des huiles essentielles.

J'ATTRAPE TOUT CE QUI PASSE

Croquez dans du gingembre tous les matins, et une gousse d'ail si vous en avez le courage. Sinon, ajoutez de l'ail à votre dîner.

JE TOUSSE

Préparez une tisane avec du thym, de la lavande et du romarin à parts égales. La racine de guimauve est également très efficace car elle aide les bronches à fluidifier la toux, mais elle est plus difficile à trouver.
Vous pouvez aussi croquer dans une petite gousse d'ail toutes les deux heures. L'ail est un très puissant antiseptique. Cette méthode est moins sexy, mais très efficace !

TOUTES LES VERTUS DE L'AIL

Grâce à ses propriétés antioxydantes, anticoagulantes et immunostimulantes, l'ail est votre allié contre les maladies les plus courantes.

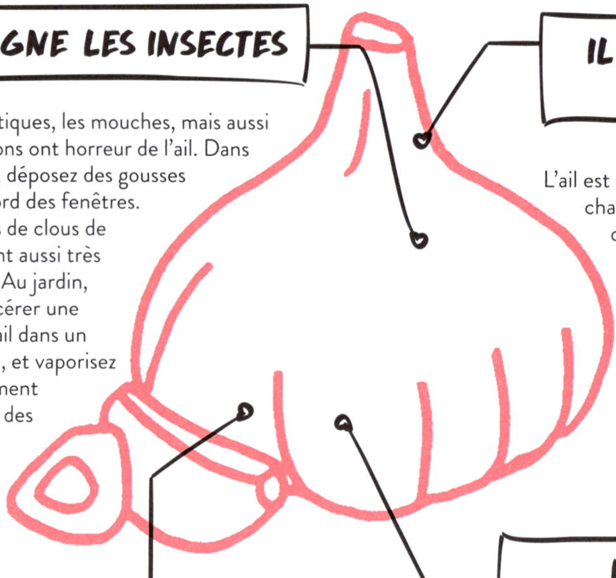

IL ÉLOIGNE LES INSECTES

Les moustiques, les mouches, mais aussi les pucerons ont horreur de l'ail. Dans la maison, déposez des gousses d'ail au bord des fenêtres. Les plants de clous de girofle sont aussi très efficaces. Au jardin, faites macérer une gousse d'ail dans un litre d'eau, et vaporisez régulièrement sur la tige des plantes à protéger.

IL LUTTE CONTRE LES MYCOSES

L'ail est un allié puissant contre les champignons, et notamment ceux qui s'installent sur les pieds. Un bain de pieds tous les soirs additionné d'une gousse d'ail et vous pourrez dire adieu à ces petits désagréments.

IL EFFACE LES BOUTONS D'ACNÉ

Un spot disgracieux apparaît ? Frottez-le avec de l'ail !

IL PRÉVIENT LA CHUTE DES CHEVEUX

Laissez macérer toute une nuit une gousse d'ail coupée en petits morceaux dans un verre d'huile d'olive. Le lendemain, massez votre cuir chevelu avec cette préparation.

L'IDÉE DE SUPER-MAMIE

FINISSEZ-EN AVEC LA DIGESTION DIFFICILE

SOS REMONTÉES ACIDES

Versez une cuillère à café de vinaigre de pomme dans un grand verre d'eau et buvez le tout.

SOS DOULEURS INTESTINALES

Mélangez une cuillère à soupe d'argile blanche dans un verre d'eau. Laissez reposer le mélange. Lorsque l'argile s'est déposée au fond du verre, buvez l'eau. Si les douleurs sont accompagnées de ballonnements, buvez un verre d'eau dans lequel vous aurez ajouté une cuillère à café de bicarbonate.

SOS BALLONNEMENTS

Trois soins différents vous permettront d'en venir à bout. Pensez tout d'abord à ajouter du cumin à vos plats. Juste après le repas, croquez dans des graines d'anis pour faciliter la digestion. Enfin, complétez avec une infusion de feuilles de menthe.

SOS CONSTIPATION

Versez une cuillère à café de sel d'Epsom dans un verre d'eau.

SOS DIARRHÉE

Mettez-vous à la diète toute la journée. Faites cuire du riz et buvez l'eau de cuisson pour arrêter la diarrhée. Tout au long de la journée, hydratez-vous en buvant de l'eau dans laquelle vous aurez saupoudré de la cannelle.

LE SEL D'EPSOM

Le sel d'Epsom porte le nom d'une ville d'Angleterre qui l'utilisait abondamment pour faire fructifier ses cultures potagères. Ce sel, qui présente des propriétés intéressantes pour notre organisme, se trouve en pharmacie ou parfois en épicerie.

IL SOULAGE LA CONSTIPATION

Versez une cuillère à café de sel d'Epsom dans 100 ml d'eau, ainsi que le jus d'un citron pour masquer la saveur un peu amère. Buvez ce mélange et patientez. Au bout d'une demi-heure, voire une heure pour les constipations plus sévères, l'envie d'aller aux toilettes devrait se faire sentir. Ce laxatif doit être utilisé de façon ponctuelle, en voyage par exemple. En effet, le sel d'Epsom a la propriété d'absorber l'eau de l'organisme. Un usage intensif aurait pour conséquence une fuite d'eau trop importante vers le colon.

IL EST RICHE EN MAGNÉSIUM

Vous pouvez en ajouter deux cuillères à café dans votre salière pour enrichir naturellement votre alimentation en magnésium.

IL DÉTEND LES MUSCLES

Versez un demi-verre de sel d'Epsom dans votre bain, et vos contractions diminueront. Le sel d'Epsom va vous aider à éliminer les toxines musculaires. Simultanément, vous aurez la peau toute douce car il exfolie l'épiderme en douceur. Toutefois faites attention : ne frottez jamais directement votre peau avec ce sel, vous risqueriez des brûlures. Utilisez-le seulement dans un bain.

ROUTINE DE SUPER-MAMIE

SOIGNEZ LES BOBOS DU QUOTIDIEN

JE SAIGNE DU NEZ

Respirez du vinaigre dans un mouchoir et glissez dans votre dos, contre votre peau, une grosse clef en fer ou un trousseau de clefs en fer...

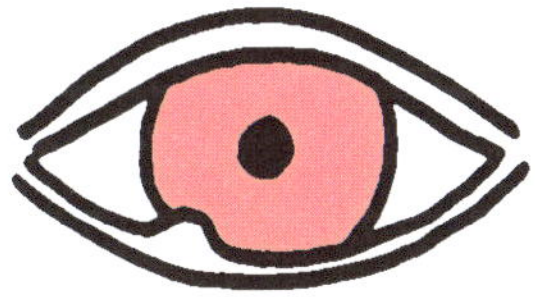

J'AI UN ORGELET

Voici une astuce étrange, mais qui fonctionne ! Passez sur l'orgelet un anneau en or.

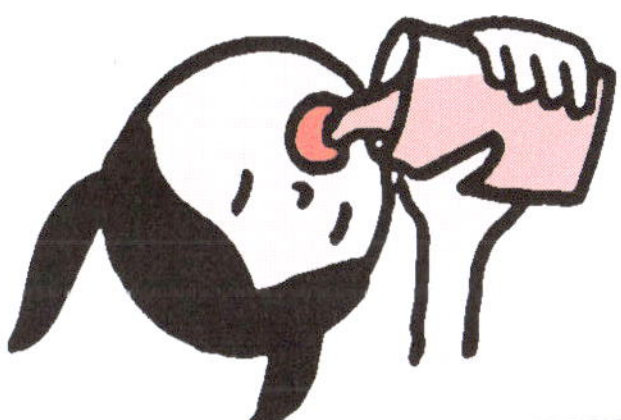

J'AI LE HOQUET

Buvez un verre d'eau glacée en baissant la tête en avant, de façon que votre menton touche votre cou.

J'AI DES CRAMPES LA NUIT

Placez un morceau de savon de Marseille dans un vieux bas au fond de votre lit. Le savon, riche en potasse, compenserait le déficit en potassium qui est une des causes des crampes. En cas de crise, attrapez votre pied et étirez-le dans le sens inverse de la douleur. Par exemple, si la crampe survient sous la plante, étirez les orteils vers le haut.

J'AI UN POINT DE CÔTÉ

Inspirez à fond et conservez l'air dans vos poumons. Appuyez fortement sur le point de côté avec votre poing. Expirez au maximum tout en continuant à enfoncer votre poing dans la zone douloureuse.

L'IDÉE DE SUPER-MAMIE

PARTEZ À LA CUEILLETTE DES PRINCIPALES PLANTES MÉDICINALES

Sans passer un diplôme de druide, on peut cueillir les plantes les plus courantes sur le bord des chemins.

LES FLEURS DE GENÊT

Elles sont jaunes, courantes et faciles à ramasser. Faites-les sécher, vous obtiendrez une tisane très douce, un peu sucrée. Les fleurs de genêt ont des vertus laxatives et drainantes.

LE SAPIN

Pour soigner une toux ou un rhume, faites infuser les jeunes pousses toutes fraîches.

LE SAULE

Cette plante est en fait de l'aspirine naturelle. Si vous avez mal à la tête, faites-vous une tisane avec les feuilles séchées.

LE TILLEUL

Ramassez les feuilles et ses deux petites boules. Faites-les sécher. Vous pouvez les consommer en tisane pour un sommeil serein.

L'ORTIE

L'ortie est une excellente source de fer ! Cueillez-la avec des gants et placez-la dans une marmite avec un oignon et une pomme de terre. Remplissez d'eau et faites bouillir quelques minutes, puis mixez le tout de façon à obtenir un bon potage. Vous pouvez ajouter un peu de crème fraîche ou un filet d'huile d'olive.

VÉRIFIEZ TOUJOURS QUELLE PARTIE DE LA PLANTE EST SOIGNANTE ET COMESTIBLE. TIGE, SOMMITÉ OU RACINE, CE N'EST PAS PAREIL. PAR EXEMPLE, LA RACINE DE LA VALÉRIANE EST UTILISÉE POUR INDUIRE LE SOMMEIL.

⇨ ZÉRO BLABLA, ÇA VOUS PARLE ?

RETROUVEZ DANS LA MÊME COLLECTION

MARABOUT
s'engage pour l'environnement en réduisant l'empreinte carbone de ses livres.
Celle de cet exemplaire est de :
500 g éq. CO_2
Rendez-vous sur www.marabout-durable.fr

PAPIER À BASE DE FIBRES CERTIFIÉES

Achevé d'imprimer en août 2017, sur les presses de Macrolibros en Espagne pour le compte des Éditions Marabout (Hachette Livre), 58, rue Jean-Bleuzen Vanves Cedex.
Dépôt légal : août 2017 – 6999974 – 978-2-501-12404-1